50 Recetas Definitivas de Comida Reconfortante

Por: Kelly Johnson

Table of Contents

- Macarrones con queso
- Pollo al horno con papas
- Sopa de pollo con fideos
- Estofado de carne
- Puré de papas con gravy
- Lasaña clásica
- Chili con carne
- Pastel de carne
- Cazuela de atún
- Albóndigas en salsa
- Pollo frito crujiente
- Guiso de lentejas
- Pizza casera
- Panqueques esponjosos
- Galletas de chocolate
- Brownies de chocolate
- Arroz con pollo

- Cazuela de brócoli y queso
- Crema de calabaza
- Croquetas de jamón
- Enchiladas verdes
- Pastel de papa
- Sopa de tomate
- Quiche de espinaca y queso
- Rollos de canela
- Pollo en salsa de champiñones
- Sándwich caliente de pavo
- Puré de camote
- Hamburguesa casera
- Tortilla española
- Sopa de cebolla gratinada
- Espaguetis a la boloñesa
- Arroz con leche
- Muffins de arándanos
- Guiso de pollo con verduras
- Tarta de manzana

- Crepes con Nutella
- Chiles rellenos
- Huevos rancheros
- Pollo a la cerveza
- Sopa de frijoles negros
- Ensalada de papa
- Pavo relleno
- Pescado empanizado
- Empanadas de carne
- Sopa de fideos con verduras
- Fajitas de pollo
- Risotto de champiñones
- Pan de plátano
- Galletas de avena y pasas

Macarrones con queso

Ingredientes:

- 250 g de macarrones
- 2 cucharadas de mantequilla
- 2 cucharadas de harina
- 2 tazas de leche
- 200 g de queso cheddar rallado
- Sal y pimienta

Preparación:

1. Cocina los macarrones según instrucciones y escurre.
2. Derrite mantequilla en una olla, añade harina y cocina 1 minuto.
3. Agrega leche poco a poco, revolviendo hasta espesar.
4. Añade el queso, sal y pimienta. Mezcla con la pasta y sirve.

Pollo al horno con papas

Ingredientes:

- 4 muslos o piezas de pollo
- 4 papas medianas cortadas en trozos
- 3 dientes de ajo picados
- Aceite de oliva
- Sal, pimienta y hierbas (romero, tomillo)

Preparación:

1. Precalienta el horno a 200 °C.
2. Coloca el pollo y papas en una bandeja, rocía con aceite, ajo, sal, pimienta y hierbas.
3. Hornea 45-50 minutos o hasta que el pollo esté dorado y papas tiernas.

Sopa de pollo con fideos

Ingredientes:

- 1 pechuga o muslo de pollo
- 1 zanahoria picada
- 1 rama de apio picada
- 1 cebolla picada
- 100 g de fideos finos
- Sal y pimienta

Preparación:

1. Cocina el pollo con verduras en agua hasta que esté tierno.
2. Retira el pollo, desmenúzalo y regresa al caldo.
3. Añade los fideos y cocina hasta que estén blandos.
4. Salpimienta y sirve caliente.

Estofado de carne

Ingredientes:

- 500 g de carne para guisar en cubos
- 2 zanahorias en rodajas
- 2 papas en cubos
- 1 cebolla picada
- 2 dientes de ajo
- 2 tazas de caldo de carne
- Sal, pimienta y laurel

Preparación:

1. Dora la carne en olla con aceite.
2. Añade cebolla, ajo y sofríe.
3. Agrega caldo, zanahorias, papas y laurel.
4. Cocina a fuego lento hasta que la carne esté tierna (1-2 horas).

Puré de papas con gravy

Ingredientes:

- 4 papas grandes
- 50 g de mantequilla
- 100 ml de leche
- Sal y pimienta

Para el gravy:

- 2 cucharadas de mantequilla
- 2 cucharadas de harina
- 300 ml de caldo de carne
- Sal y pimienta

Preparación:

1. Cocina las papas, haz puré con mantequilla, leche, sal y pimienta.
2. Para el gravy, derrite mantequilla, añade harina y cocina 1 minuto.
3. Agrega caldo poco a poco, revolviendo hasta espesar. Salpimienta.
4. Sirve puré con gravy encima.

Lasaña clásica

Ingredientes:

- Láminas de lasaña
- 400 g de carne molida
- 1 cebolla picada
- 2 tazas de salsa de tomate
- 500 ml de salsa bechamel
- 200 g de queso mozzarella rallado
- Aceite, sal y pimienta

Preparación:

1. Sofríe cebolla y carne, añade salsa de tomate.
2. En una fuente, alterna capas: salsa de carne, láminas, bechamel y queso.
3. Repite y termina con queso encima.
4. Hornea 180 °C por 30-40 minutos.

Chili con carne

Ingredientes:

- 500 g de carne molida
- 1 cebolla picada
- 1 lata de frijoles rojos escurridos
- 1 lata de tomates triturados
- 1 pimiento picado
- 1 cucharada de chile en polvo
- Sal y pimienta

Preparación:

1. Sofríe cebolla y carne, añade pimiento y condimentos.
2. Incorpora tomates y frijoles, cocina a fuego lento 30 minutos.
3. Ajusta sal y pimienta.

Pastel de carne

Ingredientes:

- 500 g de carne molida
- 1 huevo
- 1 cebolla picada
- 2 dientes de ajo picados
- 1/2 taza de pan rallado
- Sal y pimienta
- Salsa de tomate para cubrir

Preparación:

1. Mezcla todos los ingredientes menos la salsa.
2. Forma un molde con la mezcla y coloca en una fuente.
3. Cubre con salsa de tomate.
4. Hornea 180 °C por 40-45 minutos.

Cazuela de atún

Ingredientes:

- 2 latas de atún en agua o aceite
- 1 taza de arroz cocido
- 1 cebolla picada
- 1 taza de verduras (guisantes, zanahoria)
- 200 ml de salsa blanca (bechamel)
- Queso rallado para gratinar

Preparación:

1. Sofríe cebolla y verduras, mezcla con arroz y atún.
2. Coloca en fuente, cubre con salsa blanca y queso.
3. Gratina en horno hasta dorar.

Albóndigas en salsa

Ingredientes:

- 500 g carne molida
- 1 huevo
- 1/2 taza pan rallado
- 1 diente ajo picado
- Sal y pimienta
- Aceite para freír

Para la salsa:

- 1 cebolla picada
- 2 tomates triturados o salsa de tomate
- 1 diente ajo picado
- Sal, pimienta y orégano

Preparación:

1. Mezcla la carne con huevo, pan rallado, ajo, sal y pimienta. Forma albóndigas.
2. Fríelas hasta dorar y reserva.
3. En una sartén, sofríe cebolla y ajo, añade tomates y condimentos. Cocina 10 minutos.
4. Incorpora albóndigas, tapa y cocina 15 minutos más.

Pollo frito crujiente

Ingredientes:

- 4 piezas de pollo
- 1 taza de harina
- 1 taza de leche
- 1 huevo
- Sal, pimienta y pimentón
- Aceite para freír

Preparación:

1. Mezcla leche con huevo, sal, pimienta y pimentón.
2. Pasa el pollo por harina, luego por la mezcla líquida, y otra vez por harina.
3. Fríe en aceite caliente hasta dorar y cocinar bien por dentro.

Guiso de lentejas

Ingredientes:

- 1 taza de lentejas
- 1 cebolla picada
- 2 zanahorias en rodajas
- 2 papas en cubos
- 2 dientes de ajo
- Caldo o agua
- Sal, pimienta y comino

Preparación:

1. Sofríe cebolla y ajo, añade zanahoria y lentejas.
2. Cubre con caldo y cocina 30 minutos.
3. Agrega papas, salpimienta y cocina hasta tiernas.

Pizza casera

Ingredientes:

- Masa para pizza (puede ser comprada o casera)
- Salsa de tomate
- Queso mozzarella rallado
- Ingredientes al gusto (jamón, champiñones, aceitunas, etc.)

Preparación:

1. Estira la masa, unta salsa de tomate.
2. Añade queso y toppings.
3. Hornea a 220 °C por 15-20 minutos hasta dorar.

Panqueques esponjosos

Ingredientes:

- 1 taza de harina
- 1 huevo
- 1 taza de leche
- 1 cucharada de azúcar
- 1 cucharadita de polvo de hornear
- 1 pizca de sal

Preparación:

1. Mezcla todos los ingredientes hasta obtener una masa líquida homogénea.
2. Cocina porciones en sartén antiadherente, voltea cuando se formen burbujas.

Galletas de chocolate

Ingredientes:

- 1 taza de harina
- 1/2 taza de mantequilla
- 1/2 taza de azúcar
- 1 huevo
- 1/4 taza de cacao en polvo
- 1/2 cucharadita de polvo de hornear
- 100 g de chispas de chocolate

Preparación:

1. Mezcla mantequilla y azúcar, añade huevo.
2. Incorpora harina, cacao y polvo de hornear.
3. Añade chispas y forma bolitas.
4. Hornea 180 °C por 10-12 minutos.

Brownies de chocolate

Ingredientes:

- 150 g de chocolate negro
- 100 g de mantequilla
- 3/4 taza de azúcar
- 2 huevos
- 1/2 taza de harina
- 1 pizca de sal

Preparación:

1. Derrite chocolate y mantequilla juntos.
2. Añade azúcar y huevos, mezcla bien.
3. Incorpora harina y sal.
4. Vierte en molde y hornea 180 °C por 20-25 minutos.

Arroz con pollo

Ingredientes:

- 2 tazas de arroz
- 4 muslos de pollo
- 1 cebolla picada
- 1 pimiento picado
- 2 dientes de ajo
- 1 taza de guisantes
- Caldo de pollo
- Sal, pimienta y comino

Preparación:

1. Dora el pollo en olla, retira.
2. Sofríe cebolla, ajo y pimiento.
3. Añade arroz, mezcla y cubre con caldo.
4. Coloca el pollo encima, añade guisantes.
5. Cocina tapado a fuego bajo hasta que el arroz esté listo.

Cazuela de brócoli y queso

Ingredientes:

- 500 g brócoli cocido
- 200 g queso cheddar rallado
- 1 taza de crema de leche o nata
- 2 huevos
- Sal, pimienta y nuez moscada

Preparación:

1. Precalienta el horno a 180 °C.
2. Mezcla brócoli, queso, crema y huevos. Salpimienta y agrega nuez moscada.
3. Coloca en una fuente para horno y hornea 25-30 minutos hasta que esté firme y dorada.

Crema de calabaza

Ingredientes:

- 500 g de calabaza pelada y cortada
- 1 cebolla picada
- 1 litro de caldo de verduras
- 200 ml de leche de coco o crema
- Sal, pimienta y jengibre rallado

Preparación:

1. Sofríe cebolla hasta transparente. Añade calabaza y caldo. Cocina hasta que esté tierna.
2. Licúa con leche de coco y jengibre. Salpimienta y calienta antes de servir.

Croquetas de jamón

Ingredientes:

- 150 g jamón picado
- 50 g mantequilla
- 50 g harina
- 500 ml leche
- Sal, pimienta y nuez moscada
- Pan rallado y huevo para rebozar

Preparación:

1. Derrite mantequilla, añade harina y cocina 1 minuto.
2. Agrega leche poco a poco hasta espesar. Añade jamón, sal, pimienta y nuez moscada.
3. Deja enfriar, forma croquetas, pasa por huevo y pan rallado.
4. Fríe hasta dorar.

Enchiladas verdes

Ingredientes:

- Tortillas de maíz
- 500 g pollo deshebrado
- Salsa verde (tomatillos, chile, cebolla, ajo)
- Queso fresco rallado
- Crema y cilantro para decorar

Preparación:

1. Rellena tortillas con pollo, enrolla.
2. Baña con salsa verde caliente, espolvorea queso y crema.
3. Decora con cilantro y sirve.

Pastel de papa

Ingredientes:

- 1 kg papas cocidas y hechas puré
- 500 g carne molida
- 1 cebolla picada
- 1 diente de ajo
- Aceite, sal y pimienta
- Queso rallado opcional

Preparación:

1. Sofríe cebolla, ajo y carne hasta cocinar.
2. Coloca mitad del puré en fuente, encima la carne y termina con puré.
3. Añade queso si quieres y hornea a 180 °C por 25 minutos.

Sopa de tomate

Ingredientes:

- 6 tomates maduros
- 1 cebolla
- 1 diente de ajo
- 500 ml caldo de verduras
- Sal, pimienta y albahaca

Preparación:

1. Asa tomates, cebolla y ajo.
2. Licúa con caldo y condimenta.
3. Calienta y sirve con albahaca fresca.

Quiche de espinaca y queso

Ingredientes:

- Masa para tarta salada
- 200 g espinacas cocidas y escurridas
- 3 huevos
- 200 ml crema
- 150 g queso rallado (gruyère o similar)
- Sal y pimienta

Preparación:

1. Prehornea la masa 10 minutos a 180 °C.
2. Mezcla huevos, crema, espinacas y queso. Salpimienta.
3. Vierte sobre la masa y hornea 30 minutos más.

Rollos de canela

Ingredientes:

- Masa de pan dulce
- 50 g mantequilla derretida
- 100 g azúcar moreno
- 2 cucharaditas de canela

Preparación:

1. Estira la masa, unta mantequilla, espolvorea azúcar y canela.
2. Enrolla y corta en porciones.
3. Hornea 180 °C por 20-25 minutos.

Pollo en salsa de champiñones

Ingredientes:

- 4 piezas de pollo
- 200 g champiñones laminados
- 1 cebolla picada
- 200 ml crema o leche
- 1 diente ajo
- Aceite, sal y pimienta

Preparación:

1. Dora el pollo, reserva.
2. Sofríe cebolla, ajo y champiñones.
3. Añade crema, sal y pimienta.
4. Incorpora el pollo y cocina tapado 15 minutos.

Sándwich caliente de pavo

Ingredientes:

- 2 rebanadas de pan
- 100 g pechuga de pavo cocida en lonchas
- Queso (cheddar o mozzarella)
- Mantequilla

Preparación:

1. Unta mantequilla en un lado de cada rebanada de pan.
2. Coloca pavo y queso entre las rebanadas, con el lado de mantequilla hacia afuera.
3. Cocina en sartén o sandwichera hasta que el pan esté dorado y el queso derretido.

Puré de camote

Ingredientes:

- 2 camotes grandes
- 2 cucharadas mantequilla
- Sal y pimienta

Preparación:

1. Pela y hierve camotes hasta que estén tiernos.
2. Escurre y aplasta con mantequilla, sal y pimienta al gusto.

Hamburguesa casera

Ingredientes:

- 500 g carne molida
- Sal y pimienta
- Pan de hamburguesa
- Lechuga, tomate, cebolla, queso, salsas al gusto

Preparación:

1. Forma hamburguesas con la carne y condimenta.
2. Cocina en sartén o parrilla hasta el punto deseado.
3. Arma la hamburguesa con los ingredientes que prefieras.

Tortilla española

Ingredientes:

- 4 papas medianas
- 1 cebolla grande
- 5 huevos
- Aceite, sal

Preparación:

1. Pela y corta papas en rodajas finas. Fríelas con cebolla hasta tiernas.
2. Bate huevos y mezcla con papas y cebolla.
3. Cocina en sartén a fuego bajo, da vuelta para dorar ambos lados.

Sopa de cebolla gratinada

Ingredientes:

- 4 cebollas grandes cortadas en juliana
- 1 litro caldo de carne o verduras
- 2 cucharadas mantequilla
- Sal y pimienta
- Rebanadas de pan
- Queso rallado (gruyère o mozzarella)

Preparación:

1. Sofríe cebolla en mantequilla hasta caramelizar.
2. Añade caldo, sal y pimienta. Cocina 15 minutos.
3. Sirve con pan tostado y queso gratinado al horno.

Espaguetis a la boloñesa

Ingredientes:

- 300 g carne molida
- 1 cebolla picada
- 2 dientes ajo
- 400 g tomate triturado
- 300 g espaguetis
- Sal, pimienta, orégano

Preparación:

1. Sofríe cebolla y ajo, añade carne y cocina.
2. Incorpora tomate y condimentos, cocina a fuego bajo 20 minutos.
3. Cocina espaguetis, mezcla con salsa y sirve.

Arroz con leche

Ingredientes:

- 1 taza arroz
- 1 litro leche
- 1 taza azúcar
- 1 ramita canela
- Cáscara de limón

Preparación:

1. Cocina arroz con leche, canela y cáscara de limón a fuego lento.
2. Añade azúcar cuando el arroz esté tierno. Cocina hasta espesar.

Muffins de arándanos

Ingredientes:

- 2 tazas harina
- 1 taza azúcar
- 2 cucharaditas polvo de hornear
- 1 huevo
- 1 taza leche
- 1/2 taza aceite
- 1 taza arándanos

Preparación:

1. Mezcla secos y húmedos por separado, luego une sin batir mucho.
2. Incorpora arándanos y hornea a 180 °C por 20-25 minutos.

Guiso de pollo con verduras

Ingredientes:

- 500 g pollo en trozos
- 2 papas, 2 zanahorias, 1 cebolla
- 2 dientes ajo
- 500 ml caldo
- Sal, pimienta, laurel

Preparación:

1. Dora el pollo, reserva.
2. Sofríe cebolla, ajo, añade verduras y pollo.
3. Cubre con caldo, condimenta y cocina a fuego lento 40 minutos.

Tarta de manzana

Ingredientes:

- Masa para tarta (puede ser comprada o casera)
- 4 manzanas peladas y cortadas en láminas
- 100 g azúcar
- 1 cucharadita canela
- Jugo de 1 limón

Preparación:

1. Precalienta el horno a 180 °C.
2. Mezcla las manzanas con azúcar, canela y jugo de limón.
3. Extiende la masa en un molde para tarta, coloca las manzanas encima.
4. Hornea 40-45 minutos hasta que la masa esté dorada y las manzanas tiernas.

Crepes con Nutella

Ingredientes:

- 1 taza harina
- 2 huevos
- 1 taza leche
- 1 cucharada azúcar
- Nutella para rellenar

Preparación:

1. Mezcla harina, huevos, leche y azúcar hasta obtener una mezcla líquida y sin grumos.
2. Cocina pequeñas porciones en sartén antiadherente, volteando para dorar ambos lados.
3. Rellena con Nutella y enrolla.

Chiles rellenos

Ingredientes:

- 4 chiles poblanos
- 200 g queso rallado o carne molida cocida
- 2 huevos (para rebozar)
- Harina para rebozar
- Aceite para freír

Preparación:

1. Asa los chiles, pélalos y quítales semillas.
2. Rellena con queso o carne.
3. Pasa por harina y luego por huevo batido.
4. Fríe hasta dorar.

Huevos rancheros

Ingredientes:

- 2 huevos
- 2 tortillas de maíz
- Salsa de tomate y chile
- Frijoles refritos
- Queso y cilantro para decorar

Preparación:

1. Fríe las tortillas ligeramente.
2. Fríe los huevos.
3. Sirve tortillas con frijoles, huevo encima y baña con salsa.
4. Decora con queso y cilantro.

Pollo a la cerveza

Ingredientes:

- 4 piezas de pollo
- 1 botella de cerveza (330 ml)
- 2 dientes ajo picados
- 1 cebolla picada
- Sal, pimienta, hierbas al gusto

Preparación:

1. Dora el pollo en aceite, reserva.
2. Sofríe ajo y cebolla, agrega cerveza.
3. Regresa pollo a la olla y cocina tapado a fuego medio 30-40 minutos.

Sopa de frijoles negros

Ingredientes:

- 500 g frijoles negros cocidos
- 1 cebolla picada
- 2 dientes ajo
- Caldo de verduras o agua
- Sal, pimienta, comino

Preparación:

1. Sofríe cebolla y ajo.
2. Agrega frijoles y caldo, cocina 15 minutos.
3. Licúa parte de la sopa para espesar y mezcla.
4. Condimenta y sirve.

Ensalada de papa

Ingredientes:

- 4 papas cocidas y picadas
- 1/2 taza mayonesa
- 1/4 taza cebolla picada
- 1/4 taza apio picado
- Sal, pimienta, perejil

Preparación:

1. Mezcla todos los ingredientes y enfría antes de servir.

Pavo relleno

Ingredientes:

- 1 pavo entero limpio
- Relleno (mezcla de pan, cebolla, apio, especias, y carne o verduras al gusto)
- Sal, pimienta, mantequilla

Preparación:

1. Rellena el pavo con la mezcla preparada.
2. Unta mantequilla, sal y pimienta en el exterior.
3. Hornea a 180 °C por 3-4 horas, bañando ocasionalmente con sus jugos.

Pescado empanizado

Ingredientes:

- Filetes de pescado
- Harina
- 2 huevos batidos
- Pan rallado
- Sal, pimienta
- Aceite para freír

Preparación:

1. Salpimienta el pescado.
2. Pasa por harina, huevo y pan rallado.
3. Fríe en aceite caliente hasta dorar.

Empanadas de carne

Ingredientes:

- Masa para empanadas
- 300 g carne molida
- 1 cebolla picada
- 1 diente ajo picado
- 1 tomate picado
- Sal, pimienta, comino
- Aceite

Preparación:

1. Sofríe cebolla y ajo, añade carne y cocina hasta dorar.
2. Agrega tomate y condimentos, cocina 10 minutos.
3. Rellena discos de masa con la mezcla, cierra y sella.
4. Hornea a 180 °C por 20-25 minutos o fríe hasta dorar.

Sopa de fideos con verduras

Ingredientes:

- 1 taza fideos finos
- 1 zanahoria picada
- 1 calabacín picado
- 1 cebolla picada
- 1 diente ajo
- Caldo de verduras
- Sal, pimienta

Preparación:

1. Sofríe cebolla y ajo, añade zanahoria y calabacín.
2. Agrega caldo y lleva a ebullición.
3. Añade fideos y cocina hasta tiernos.
4. Salpimienta al gusto y sirve.

Fajitas de pollo

Ingredientes:

- 400 g pechuga de pollo en tiras
- 1 pimiento rojo y 1 verde en tiras
- 1 cebolla en juliana
- Aceite, sal, pimienta, comino, chile en polvo
- Tortillas de harina

Preparación:

1. Sofríe pollo con especias hasta cocido.
2. Añade pimientos y cebolla, cocina hasta tiernos.
3. Sirve en tortillas con tus acompañamientos favoritos.

Risotto de champiñones

Ingredientes:

- 1 taza arroz arborio
- 200 g champiñones en láminas
- 1 cebolla picada
- 2 dientes ajo
- 4 tazas caldo caliente
- 1/2 taza vino blanco
- 2 cucharadas mantequilla
- Queso parmesano rallado
- Sal, pimienta

Preparación:

1. Sofríe cebolla y ajo, añade champiñones y cocina.
2. Agrega arroz, revuelve 2 minutos.
3. Añade vino y cocina hasta evaporar.
4. Incorpora caldo poco a poco, removiendo hasta absorber.
5. Cuando arroz esté cremoso, agrega mantequilla y parmesano. Salpimienta.

Pan de plátano

Ingredientes:

- 3 plátanos maduros machacados
- 1/3 taza mantequilla derretida
- 1 taza azúcar
- 1 huevo batido
- 1 cucharadita esencia de vainilla
- 1 cucharadita bicarbonato
- 1 1/2 taza harina
- Pizca de sal

Preparación:

1. Mezcla plátanos, mantequilla, azúcar, huevo y vainilla.
2. Añade bicarbonato, harina y sal, mezcla sin batir mucho.
3. Vierte en molde engrasado.
4. Hornea a 175 °C por 60 minutos o hasta que al insertar un palillo salga limpio.

Galletas de avena y pasas

Ingredientes:

- 1 taza avena
- 3/4 taza harina
- 1/2 taza azúcar moreno
- 1/2 taza mantequilla derretida
- 1 huevo
- 1/2 taza pasas
- 1/2 cucharadita polvo de hornear
- 1 cucharadita canela

Preparación:

1. Mezcla mantequilla con azúcar y huevo.
2. Añade avena, harina, polvo de hornear y canela.
3. Incorpora pasas.
4. Forma bolitas, coloca en bandeja y aplasta un poco.
5. Hornea a 180 °C por 12-15 minutos.